Es war einmal ...

Yvonne Plum

KÖLNER SAGEN UND LEGENDEN

J.P. BACHEM VERLAG
Entdecker Touren

Bildnachweis:
Alle Fotos stammen von Thomas Plum außer
das Cover: Fritz Schnell;
S. 14, 15, 24: Csaba Peter Rakoczy;
S. 28/29: Hans-Georg Esch;
S. 43: Robert Boecker.

Bibliografische Information Der Deutschen Bibliothek

Die Deutsche Bibliothek verzeichnet diese Publikation in der Deutschen Nationalbibliografie; detaillierte bibliografische Daten sind im Internet über http://dnb.ddb.de abrufbar.

2., überarbeitete und aktualisierte Auflage 2008

Herausgeber: Klaus-Peter Hausberg
Redaktion und Lektorat: Martina Dammrat, Köln
Einbandgestaltung: Heike Unger, Berlin
Layout: Norbert Breidenstein, Leverkusen
Kartografie: www.kartengrafik.de
Druck: Grafisches Centrum Cuno, Calbe
Printed in Germany
ISBN 978-3-7616-2203-2
www.bachem.de

**Umschlagabbildung:
Szene der Geschichte von
Jan und Griet am Brunnen
auf dem Alter Markt.**

**Bild rechts:
Blick auf Groß St. Martin
aus einer Altstadtgasse.**

Inhalt

„Es war einmal …“ ist eigentlich der typische Beginn eines Märchens. Zu den Kölner Sagen passt er jedoch auch sehr gut, denn von dem alten Köln, in dem sich diese Dinge zugetragen haben sollen, ist nur noch wenig zu sehen. Für alle, die trotzdem gerne die Originalschauplätze kennen lernen oder das sehen möchten, was sich dazu im Stadtbild noch wiederfinden lässt, habe ich zwei Rundgänge zusammengestellt. Im ersten geht es um Sagen, also weitgehend weltliche Begebenheiten, im zweiten hauptsächlich um Legenden, also die Geschichten von Heiligen. Diese Rundgänge sind sicher zu umfangreich, um sie in einem Durchgang abzugehen, aber man kann sich einzelne Abschnitte herausnehmen und die Wegstrecken nach und nach erforschen.

Da es sich hier nicht um eine reine Sagen- und Legendensammlung handelt, sondern um einen Stadtführer, beleuchte ich kurz auch die Historie hinter den Geschichten. Wer letztere gerne ausführlich kennen lernen möchte, dem sei das Buch „Kölner Sagen und Geschichten“ empfohlen, in dem der Schwerpunkt auf den Erzählungen liegt. Beide Rundgänge dieses Kurzführers beziehen sich im Wesentlichen auf die gleichnamigen Kapitel in dem genannten Werk. Öffentliche Führungen zu Sagen und Legenden werden von KölnTourismus (Tel. 0221/221-304 00, www.koelntourismus.de) und inside Cologne (auch speziell für Kinder, Tel. 0221/52 19 77, www.insidecologne.de) ganzjährig angeboten. Entsprechende Führungen für Gruppen können Sie dort ebenfalls buchen.

Viel Spaß!

Yvonne Plum

Entgegen üblichen Darstellungen ist die Schneidersfrau am Heinzelmännchenbrunnen so hübsch, dass sie oft mit Schneewittchen verwechselt wird. Wie es heißt, wollten die Künstler damit zeigen, dass für die preußische Mentalität des Herrn Kopisch diese Frau, die die hilfreichen Heinzelmännchen vertrieb, eher eine positive Persönlichkeit gewesen sein muss, denn sie brachte die faulen Kölner wieder zum Arbeiten.

Es war einmal ...

Eng zwischen moderne Häuser geschmiegt steht die sogenannte „Weckschnapp", bei der es sich entgegen der Sage jedoch nur um einen harmlosen Gebäudeteil der nördlichen Hafenmauer handelt.

Geschichten von Helden und Teufeln, Verrat und Liebe

Die Weckschnapp

Wie es heißt, gab es im Mittelalter in Köln sogenannte geheime Femegerichte, die über den Erhalt der Ehre der Patrizier wachten. Wer diese befleckte, musste damit rechnen, zum Tod in der Weckschnapp verurteilt zu werden. Im obersten Stockwerk dieses Turmes am Rheinufer hing unter der Decke ein Laib Brot, damals auch als „Weck" bezeichnet. Wenn der Verurteilte, der weder Wasser noch etwas zu essen bekam, in seiner Verzweiflung danach sprang, fiel er durch eine Falltür in einen mit Messern gespickten Schacht und landete schließlich als zerstückelte Leiche im Fluss. Nur ein Einziger, ein Kaufmannssohn, der wegen seines schändlichen Lebenswandels dort eingesperrt worden war, soll dem sicheren Tod durch ein Wunder entgangen und nach Holland geflohen sein. Da ihm sein schreckliches Erlebnis eine Lehre gewesen war, brachte er es fern der Heimat zu Reichtum und Ehre.

Wer einen Kölner nach der Weckschnapp fragt, wird in der Regel einen mittelalterlichen Turm am Rheinufer gezeigt bekommen, der in ein modernes Wohnhaus integriert ist. Die echte Weckschnapp stand jedoch etwa an der Stelle, wo sich heute die Bastei befindet. Dabei handelt es sich um ein ungewöhnliches Gebäude im expressionistischen Stil mit einem Restaurant, von dem aus man einen wunderbaren Ausblick über den Rhein hat.

Der Turm war Bestandteil der Stadtmauer, wurde jedoch niemals als Gefängnis oder Hinrichtungsstätte verwendet. Die nahe gelegene Kunibertstorburg hingegen, von der leider nichts erhalten blieb, diente wirklich als Gefängnis. Möglicherweise ist dies der wahre Kern der Sage.

Für die Existenz der Femegerichte mit ihren berüchtigten harten Strafen gibt es keine Belege. Das ist natürlich nicht allzu verwunderlich, da sie ja geheim waren. Andererseits lässt ihre Erwähnung in mehreren Sagen durchaus die Vermutung zu, es habe sie tatsächlich gegeben. Höchst zweifelhaft ist allerdings, dass sie eines der Gebäude der Stadtmauer für ihre Zwecke missbrauchten.

Bild Seite 6/7:
Ganz nach dem Vorbild des Himmlischen Jerusalem umgab sich das „heilige Köln" im Mittelalter mit zwölf mächtigen Torburgen, die bis auf drei im 19. Jahrhundert im Zuge der Stadterweiterung abgerissen wurden. Die Severinstorburg ist neben der Eigelstein- und Hahnentorburg eines der noch erhaltenen mittelalterlichen Stadttore Kölns. Hier begegnete Jan von Werth angeblich seiner ehemaligen Angebeteten Griet, die als einfache Marktfrau Äpfel verkaufte. Äpfel kann man an der Torburg, wie man sieht, noch immer kaufen. Allerdings ist es unwahrscheinlich, dass die Marktfrau Griet heißt.

1

Wo jahrelang der Verkehr toste, erstreckt sich heute der idyllische Rheingarten, der 1984 offiziell in Betrieb genommen wurde. Im Sommer lädt der Paolozzi-Brunnen zu Füßen des Museums Ludwig insbesondere die Kinder zum Spielen und Planschen ein.

Rheingarten

Entlang des Rheins geht es in Richtung Dom. Hinter der Hohenzollernbrücke beginnt der Rheingarten. Anstelle der attraktiven Grünanlage verlief bis 1983 die Rheinuferstraße. Mit der Fertigstellung des Rheinufertunnels wurde sie unter die Erde verbannt. Die Gestaltung des Rheingartens dauerte bis zur Eröffnung des Neubaus für das Wallraf-Richartz-Museum/Museum Ludwig im September 1986 an.

2001 ist das Wallraf-Richartz-Museum in ein eigenes Haus zwischen Historischem Rathaus und Gürzenich umgezogen, das der namhafte Architekt Oswald M. Ungers eigens für das Museum entworfen hat. Wenig später wurde es um eine umfangreiche „ewige“ Leihgabe zahlreicher impressionistischer und post-expressionistischer Werke aus der Sammlung des Schweizers Gérard Corboud erweitert und fügte seinem Namen die Ergänzung „& Fondation Corboud“ hinzu. Es zählt zu den großen klassischen Gemäldegalerien Deutschlands und zeigt Malerei von 1250 bis 1900 sowie Skulpturen des 19. Jahrhunderts. Darüber hinaus verfügt es über eine interessante grafische Sammlung.

Das Museum Ludwig hingegen widmet sich ganz der Kunst des 20. und 21. Jahrhunderts. Herausragende Bestandteile sind hier die Pop Art, welche immerhin etwa ein Drittel der Sammlungen ausmacht, die Russische Avantgarde und mehrere hundert Werke von Pablo Picasso, die, ursprünglich als Leihgaben von dem Sammlerehepaar Ludwig zur Verfügung gestellt, inzwischen als großzügige Schenkungen in den Besitz des Museums übergegangen sind.

Die Uferpromenade unterhalb von Museum Ludwig und Philharmonie erfreut sich nicht nur bei Touristen, sondern auch bei Kölnern großer Beliebtheit. Bei schönem Wetter kann man es sich auf dem Rasen gemütlich machen, an den Häusern der Altstadt entlangschlendern oder sich in eines der Straßencafés oder Restaurants setzen, um die Sonne zu genießen.

Im Mittelalter befand sich hier das Kaufmannsviertel. Einer dieser Kaufleute war jedoch zu seinem enormen Reichtum nicht nur durch seine Geschäftstüchtigkeit, sondern vor allem durch seinen übermäßigen Geiz gekommen. Dieser böse Geizkragen wollte auch nach seinem Tod nicht von den angehäuften Schätzen lassen, sondern erschien allnächtlich zur Geisterstunde in seinem Keller, wo er die wenigen noch verbliebenen Münzen zählte und seine Erben aufs Ärgste beschimpfte. Weil er es allzu schlimm trieb, bestellten diese schließlich einen Mönch, der Ahnung von Exorzismus hatte. Er fing den unerwünschten Geist in einem Sack, exportierte ihn noch in derselben Nacht ins Siebengebirge und belegte ihn mit einem Bannfluch, der ihn nie wieder nach Köln zurückkehren lässt. Angeblich soll er noch heute dort sein Unwesen treiben und jammern und klagen, dass er nicht mehr nach seinen Schätzen sehen darf.

Wer genau hinschaut, entdeckt schnell, dass die meisten Altstadthäuser, wie hier am Rheinufer mit Blick auf Groß St. Martin, moderneren Ursprungs sind, denn dieser Stadtteil wurde im Zweiten Weltkrieg zu über 90 Prozent zerstört. Trotzdem findet man hier noch einige schmale Gassen, die fast mittelalterlich anmuten.

Vom Rhein her kommend sieht man sich zuerst dem mächtigen Chor des Domes gegenüber, noch ehe man seine Türme wirklich wahrnimmt. Dies war auch die Ansicht, die sich mittelalterlichen Reisenden, die mit dem Schiff nach Köln kamen, bot.

Der Kölner Dom

Gehen Sie nun vom Rheingarten über die breite Treppe zum Heinrich-Böll-Platz hinauf. Dort sehen Sie den Chor des Domes vor sich aufragen, in dessen Mitte 1248 der Grundstein gelegt wurde. Aus diesem Blickwinkel ist es leicht nachvollziehbar, dass es in einem alten Reisebericht heißt, die Kathedrale erhebe sich wie eine Krone über der Stadt.

An der Südseite des Chores befindet sich die Dombauhütte, die ursprünglich, wie ihr Name schon sagt, für den Bau des Domes zuständig war und heute fast alle notwendigen Restaurierungsarbeiten durchführt. Ein Arbeitsplatz hier gehört zu den sichersten in Köln, denn ihr wird noch auf Jahrzehnte hinaus die Arbeit nicht ausgehen. Dafür sorgen nicht zuletzt Umweltverschmutzung, noch vorhandene Kriegsschäden sowie Alterungsprozesse.

Eine Sage erklärt die Tatsache, dass der Dom nie fertig zu werden scheint, jedoch ganz anders: *Natürlich ist kein Geringerer als der Teufel schuld! Denn der hatte es auf den ersten Dombaumeister abgesehen und verlockte ihn zu einer gefährlichen Wette: Der Satan persönlich wollte mithilfe eines Aquädukts das Trierer Wasser nach Köln bringen, noch ehe der letzte Stein für den Dom gelegt wäre.*

Das wollte Meister Gerhard nicht glauben und setzte seine Seele dagegen. Durch geschicktes Fragen hatte er nämlich herausgefunden, dass sein Widersacher nicht wusste, dass man bei solchen Wasserleitungen in bestimmten Abständen von oben Löcher bohren musste, um den Luftaustausch zu gewährleisten und damit das Wasser zum Fließen zu bringen.
Trotzdem bereitete die Wette Meister Gerhard im Nachhinein Magenschmerzen, und als eines Tages ein fremder Doktor in der Stadt eintraf, dem der Ruf vorausging, dass er wahre Wunder vollbringen könne, da lief auch die Frau des Dombaumeisters in der Hoffnung zu ihm, dass er ihrem Mann helfen könne.
Der Arzt war jedoch niemand anders als der Teufel selbst, der seine Leitung zwar inzwischen fertig hatte, es aber nicht schaffte, dass das Wasser hindurchfloss, und nun ausspionieren wollte, ob sein Kontrahent nicht vielleicht wusste, wo der Fehler lag. Liebenswürdig fragte er die arglose Frau, die dem geachteten Medikus natürlich vollkommen vertraute, nach ihrem Kummer und ließ sie die Geschichte in allen Details erzählen. Kaum aber hatte er erfahren, woran es seinem Bauwerk mangelte, da gab es einen lauten Knall, alles stank nach Pech und Schwefel und der Teufel war auf dem Weg nach Trier. In Windeseile machte er die erforderlichen Löcher in seine Leitung und schon rauschte das Wasser hindurch. Der Dombaumeis-

Die Dombauhütte, an der Südseite des Domchores gelegen, besteht im Grunde, seit der erste Stein für den Bau des Domes gebraucht wurde. Zwar haben sich seither Methoden und Technik teilweise geändert, doch eines ist gleich geblieben: Bei schönem Wetter kann man den Steinmetzen hier oft im Innenhof bei ihrer unermüdlichen Arbeit zusehen.

Wer einmal Gelegenheit hat, von den Dächern des Domes hinabzuschauen, kann sich wohl kaum eines leichten Schwindelgefühls erwehren, auch ohne eine verhängnisvolle Wette mit dem Teufel eingegangen zu sein.

ter stand, nichts Böses ahnend, auf dem Gerüst am Domchor, als er es plötzlich unter sich plätschern und rauschen hörte. Da wusste er, dass er die Wette verloren hatte. In seiner Verzweiflung hob er ein letztes Mal die Augen zum Himmel und rief mit lauter Stimme: „Da es mir nicht vergönnt ist, diesen Dom zu vollenden, so soll es auch niemandem nach mir gelingen!" Mit diesen schicksalsschweren Worten stürzte er sich vom Gerüst. Satan aber sprang wie ein dunkler Hund hinter ihm her und packte seine Seele.

Interessant ist, dass zumindest zwei Elemente der Sage tatsächlich belegbar sind. Nachweislich hieß der erste Dombaumeister Meister Gerhard. Allerdings ist außer seinem Namen nichts von ihm überliefert. Und im südlichen Querhaus des Domes hat man bei Grabungen Überreste einer Wasserleitung aus einer früheren Zeit entdeckt, die man sich wohl später an dieser Stelle nicht mehr erklären konnte. Die Sage selbst entstand gegen Ende des 16. Jahrhunderts, zu einem Zeitpunkt, als man aus Geldmangel die Bauarbeiten hatte einstellen müssen und sich die Frage nach der Domvollendung zum ersten Mal stellte.

Nicht nur bei dem Bauwerk selbst hatte übrigens Satan seine Finger im Spiel – auch beim Geläut wollte er gerne mitmischen. Der Dombaumeister hatte Meister Wolf, den besten Glockengießer des Landes, damit beauftragt, eine neue Glocke für den Dom zu schaffen. Das ist ein schwieriges Unterfangen, denn die Vorbereitungszeit nimmt mehrere Monate in Anspruch und selbst kleinste Fehler können zu Rissen und Sprüngen führen, welche die ganze Arbeit wertlos machen. Daher war es üblich, unmittelbar vor dem Guss im Gebet um himmlischen Beistand für das Werk zu bitten. So hielt es auch Meister Wolf. Aber am nächsten Tag zeigte sich, dass es nichts genützt hatte: Schon beim Abschlagen der Tonform wurde der große Riss erkennbar, der sich von oben bis unten durch die Glocke zog. Alle waren zutiefst enttäuscht, und der Meister zudem ausgesprochen wütend, denn nun musste er die ganze Prozedur noch einmal von vorne beginnen.

Etliche Wochen später strömte also wieder viel Volk zusammen, um dem Guss zuzusehen, und wieder sprach Meister Wolf sein frommes Gebet, ehe er der Glockenspeise freien Lauf ließ. Das Ergebnis am nächsten Tag war trotzdem dasselbe. Zornig stapfte der Meister vom Platz und schrie, der Teufel solle ihn holen, wenn er für diesen Dom noch einmal eine Glocke gieße. Erschrocken lief ihm der Dombaumeister hinterher und flehte ihn an, es doch noch ein allerletztes Mal zu versuchen. Tatsächlich ließ sich Wolf überreden. Ein drittes und letztes Mal begab er sich an die langwierige Arbeit.

Doch statt eines frommen Gebetes bekamen die Leute bei diesem Guss Schreckliches zu hören! Trotzig trat Wolf auf den Platz, den Hut in den Nacken geschoben, und sprach mit lauter Stimme zum Entsetzen aller:

> *„Halfen mir nicht die guten Geister,*
> *so ruf ich jetzt der Hölle Meister:*
> *Möge denn er das Glück mir bringen!*
> *Teufel, lass du's gelingen!"*

Trotz aller abergläubischen Unkenrufe stand die Glocke am nächsten Tag rein und unversehrt in den Scherben der Tonform.

Im Glockenstuhl des Domes findet man die Teufelsglocke nicht mehr. Doch das ist auch gut so. Mit ihren schrecklichen Misstönen würde sie das wunderbare Geläut nur stören, das heute aus dem „decken Pitter", eine der größten frei schwingenden Glocken der Welt, und sieben weiteren Glocken besteht, darunter die „Pretiosa" und die „Speciosa" von 1448/49.

1

Am Ende der Burgmauer, dort wo sie in die Mariengartengasse übergeht, wird durch die Treppe deutlich, dass ihr Niveau um einiges höher liegt als das der parallel verlaufenden Komödienstraße. Letztere war gewissermaßen der Graben der römischen Stadtmauer gewesen. Beim Blick zurück erkennt man gut das halbrunde Gebäude, das auf den Fundamenten eines römischen Turmes steht.

Schnell legte man einen Termin für die Weihe fest. An dem großen Festtag war natürlich auch Meister Wolf bereit zu helfen, sein Kunstwerk im Turm aufzuhängen. Doch niemand hatte bemerkt, dass an der Stelle, wo das Weihwasser die Glocke berührt hatte, ein kleiner Riss entstanden war, der sich nun durch die ganze Glockenwand arbeitete. Des Teufels Werk verträgt nun einmal nicht Gottes Segen. Und als der Meister den Klöppel einhängte, da erklang ein grauenhafter Misston, schlimmer als das Geschrei der Krähen. Wolf wurde es schwarz vor Augen, er schwankte und fiel vom Gerüst. Einen Augenblick später schlug sein Körper leblos auf dem Boden auf.
Seither durfte die „Teufelsglocke", wie man sie nun nannte, nur noch geläutet werden, wenn der Stadt Gefahr durch Brand oder Krieg drohte. Später wurde sie eingeschmolzen.

Burgmauer

Wenn man an der Nordseite des Domes entlanggeht, sieht man – das große Portal im Rücken – links das Domforum und rechts KölnTourismus. Neben KölnTourismus führt eine schmale Straße stadteinwärts, die den Namen „Burgmauer" trägt. Eine Burg sucht man allerdings vergebens. Der Name kommt von der römischen Stadtmauer her, die hier verlief und von der noch einige Teile sichtbar sind. Ein auffälliger Rundbau in der Straße wurde auf den Fundamenten eines römischen Wachtturmes errichtet. Und blickt man am Ende der Straße an der Treppe zur Komödienstraße hinunter, so sieht man die Überreste eines weiteren solchen Turmes. Auch auf der Komödienstraße selbst ist noch ein kleiner Teil der Stadtmauer erhalten.

Alle drei Monate ging früher auf der Burgmauer eine „weiße Frau" um und erschreckte mitternächtliche Spaziergänger mit ihrem klagenden Ruf: „Halv Wasser, halv Milch. Liever Jott, sei minger ärmen Siel jnädig!" („Halb Wasser, halb Milch. Lieber Gott, sei meiner armen Seele gnädig.") Sie war offensichtlich zu Lebzeiten Milchverkäuferin gewesen und hatte das Vertrauen ihrer Kunden missbraucht, indem sie ihre Milch mit Wasser streckte, um einen größeren Profit zu erzielen. Heute würde man die Dame vielleicht als Erfinderin der fettarmen Milch feiern, doch zu ihren Lebzeiten war das Verdünnen guter Milch ein schweres Verbrechen.

Schon lange ist das spukende Milchmädchen nicht mehr gesehen worden, ohne dass jemand zu sagen wüsste, ob es erlöst wurde oder einfach so verschwunden ist. Andererseits: Vielleicht spukt es ja immer noch! Nur: Wer in der heutigen Zeit zu später Stunde über die Burgmauer geht, kommt meist aus der Altstadt ... und der hält die „weiße Frau" wohl nur für eine Folge seines Alkoholkonsums.

Heinzelmännchenbrunnen

Dreht man sich nun wieder um und überquert den Roncalliplatz am Domhotel entlang, gelangt man zu einem der ältesten und beliebtesten Brunnen Kölns, der gerade in den letzten Jahren besonders schön wieder hergerichtet wurde. Gestiftet wurde er 1899 vom Kölner Verschönerungsverein zum

Der Brunnen zur Heinzelmännchensage schildert die Ereignisse jener Zeit sehr anschaulich: Nicht nur für die materiellen Bedürfnisse der Kölner sorgten die fleißigen Heinzelmännchen, indem sie etwa Möbel schreinerten. Nein, auch das leibliche Wohl lag ihnen am Herzen, denn sie buken, stellten Würste her und füllten sogar Wein ab.

hundertsten Geburtstag des gebürtigen Breslauers und preußischen Beamten August Kopisch. Die Herzen der Kölner gewann er dadurch, dass er im 19. Jahrhundert die Sage von den „Heinzelmännchen zu Köln“ als Gedicht verfasste.

Demnach halfen in Köln früher die Heinzelmännchen den Bäckern und Schreinern, den Metzgern und Küfern bei der Arbeit. Allerdings taten sie das heimlich des Nachts, denn sie ließen sich nicht gerne bei ihrem Werk beobachten. Doch des Schneiders Weib war neugierig, wollte unbedingt wissen, wie die hilfreichen Geister aussahen, und streute deshalb Erbsen auf die Treppe. Die arglosen Heinzelmännchen kamen wie immer im Dunkeln die Treppe hinauf… und stürzten und fielen und fluchten… und verließen die undankbare Stadt noch in derselben Nacht. Es war das erste, aber leider auch das letzte Mal, dass sie jemand gesehen hat. Und alle Kölner sind sich einig: „Ach, dass es noch wie damals wär!“

Deutlich sieht man den Heinzelmännchen an, wie weh sie sich beim Sturz von der Treppe getan haben müssen. Eines hat die Faust drohend zur Schneidersfrau (siehe S. 4) erhoben, als wollte es sagen: „Das sollt ihr uns büßen!“ Hinter der Treppe sitzt eine Eule, die in der Geschichte selbst zwar nicht vorkommt, am Brunnen jedoch eine zusätzliche Botschaft vermittelt.

Betrachtet man den Brunnen von links nach rechts, so hat man eine genaue Illustration dieser Geschichte vor sich, wobei sich der dramatische Schluss mit der neugierigen Schneidersfrau in der Mitte befindet. Auf der Rückseite sitzt eine Eule mit einem Spiegel in der Kralle auf einem dicken Buch. Sie hat nicht direkt mit der Geschichte zu tun, sondern ist eher eine Art Kommentar: Die Eule, Sinnbild der Weisheit, hält den Menschen den Spiegel ihrer Dummheit vor.

Rathaus

Biegt man von der Straße Am Hof rechts in Unter Goldschmied ab, gelangt man zum Rathaus, dessen prächtigster Bauteil die Renaissancelaube aus dem 16. Jahrhundert ist. In der Brüstung ihres Obergeschosses sind drei Reliefs angebracht. Links sieht man Samson im Kampf mit einem Löwen, rechts Daniel in der Löwengrube. Diese Szenen werden als biblische Vorbilder in engen Bezug zu der Szene in der Mitte gestellt. Es handelt sich um eine Darstellung des sagenhaften Zweikampfes zwischen dem Kölner Bürgermeister Hermann Grin und dem Löwen:
Zwei Domherren waren vom Erzbischof beauftragt worden, sich um einen Löwen zu kümmern, den er als Geschenk erhalten hatte. Weil sie fanden, dass der Bürgermeister ihrem Herrn gegenüber zu dreist auftrat, beschlossen sie, ihn aus dem Weg zu räumen. Sie luden Hermann Grin ein, sich den

Den tieferen Sinn dieser Kampfszene verstanden die Kölner sofort, ging es doch um die Stadtfreiheit, die jederzeit entschlossen verteidigt werden musste. Die Rathauslaube, auf der der legendäre Löwenkampf des Hermann Grin dargestellt ist, wurde zwischen 1569 und 1573 erbaut. Sie gilt als eines der schönsten Renaissancebauwerke des Rheinlandes. Wie durch ein Wunder blieb sie im Zweiten Weltkrieg weitgehend unbeschädigt.

Das römische Nordportal am Dom, von dem im Mittelalter noch etwas mehr erhalten war als heute, wurde als „Pfaffenpforte" bezeichnet. Angeblich rührt der Name daher, dass Hermann Grin die beiden verräterischen Domherren hier hängen ließ. Tatsächlich hat der Volksmund das Tor wohl eher so benannt, weil das Mittelportal bis zu seinem Abriss 1826 in das Domstift eingebaut war und somit viele Priester dort ein- und ausgingen.

Löwen anzusehen, und stießen ihn, als er einen Moment unaufmerksam war, in den Käfig. Doch der Bürgermeister hatte den Verrat geahnt und ein Schwert unter seinem Mantel verborgen. Geistesgegenwärtig wickelte er seinen Umhang um die linke Faust und stieß sie dem angreifenden Löwen in den Rachen, damit er nicht mehr zubeißen konnte. Mit der Rechten packte er sein Schwert und erstach den Löwen. Die beiden Domherren aber wurden zur Strafe für ihre Niedertracht in der Nähe des Domes gehängt.

Im 14. Jahrhundert ist die Geschichte erstmals schriftlich belegt. In der Stadtchronik „Agrippina" des Heinrich van Beeck wird sie sogar als genau datiertes, historisches Ereignis aus dem Jahre 1262 abgehandelt.

Diese Sage hat eine eindeutige Botschaft, die damals jeder sofort verstand. Die Kölner Bürger mussten ihre Stadtfreiheit erkämpfen und sollten stets so mutig sein wie der legendäre Bürgermeister, um sie gegebenenfalls zu verteidigen. Der Löwe, der schon in den antiken Fabeln als König der Tiere bezeichnet wird, symbolisiert die weltliche Macht des Erzbischofs. Nach jahrhundertelangen Auseinandersetzungen gelang es den Kölnern in der Schlacht bei Worringen, den Erzbischof zu besiegen. Diese Ritterschlacht fand im Jahr 1288 statt. Von da an war Bonn die neue Residenzstadt des Erzbischofs und seine Funktion in Köln beschränkte sich auf geistliche Aufgaben und die Gerichtsbarkeit bei Kapitalverbrechen. De facto hatten die Kölner mit der Schlacht bei Worringen ihre Reichsunmittelbarkeit errungen.

Rechts neben der Rathauslaube ist ein Straßenschild zu sehen, das auf den ersten Blick irritiert:

Judengasse. Eine Gasse ist nirgends zu sehen, erstreckt sich doch vor dem Rathaus ein großer Platz. Der Straßenname erinnert daran, dass dieser Platz im Mittelalter dicht bebaut war. Dort befand sich das Kölner Judenviertel.

Ein paar Schritte weiter steht eine Pyramide aus Stahl und Glas. Sie erhebt sich über der Mikwe, dem jüdischen Ritualbad aus dem 12. Jahrhundert. Unmittelbar neben der Mikwe ist eine Gedenktafel in den Boden des Rathausplatzes eingelassen, die einen Lageplan mit den wichtigsten Gebäuden zeigt: Synagoge, Mikwe, Bäckerei, Spielhaus und Hospiz. Die Grundrisse dieser Gebäude sind auch in der Pflasterung des Platzes kenntlich gemacht. Die Geschichte des Kölner Judenviertels wird auf der Bronzeplatte mit knappen Worten zusammengefasst.

In der Judengasse, die sich zwischen Rathaus und Gürzenich erstreckte, soll es übrigens in früheren Zeiten ganz furchtbar gespukt haben.

Ein hartherziger Bürgermeister wollte sein Korn lieber von den Mäusen fressen lassen, als es den Kölnern während einer Hungersnot für wenig Geld zu verkaufen. Als Höllenstrafe für diese Untat musste er einmal im Jahr, in der Nacht zu Karfreitag, in einer glühenden Kutsche durch die Straße rattern, um seine Nachfolger zu warnen und ihnen zu zeigen, dass solches Verhalten spätestens nach dem Tod aufs Schwerste geahndet wird. Der durchtriebene Bürgermeister Lyskirchen, der genau wie sein Vorgänger gerne in die eigene Tasche wirtschaftete, wollte das gespenstische Gefährt mit Schießpulver, dass er auf die Straße streute, in die Luft jagen. Doch er hatte die Rechnung ohne den Teufel gemacht. Mäuse kamen und

Ein schmaler Fußweg entlang des Rathauses erinnert an den Verlauf der Judengasse, die inzwischen nur noch als Straßenname existiert. Auf dem Platz davor ermöglicht die Glaspyramide einen Blick in den 15 Meter tiefen Schacht der Mikwe aus der Zeit um 1170. Es handelt sich hierbei um ein rituelles jüdisches Bad, das von Grundwasser gespeist wird.
Zurzeit kann es allerdings schwierig sein, an die Mikwe heranzukommen, da der gesamte Platz bis 2010 zu einer begehbaren Archäologischen Zone umgebaut wird.

Die Rückseite des Jan-von-Werth-Brunnens auf dem alter Markt zeigt, wie die Geschichte angeblich begann: Jan wird von Griet brüsk abgewiesen. Im Hintergrund sieht man die Landsknechte zum Krieg rufen, während zu Griets Füßen ein Pfau mit gespreiztem Schweif als Sinnbild der Eitelkeit steht.

fraßen das Pulver, obwohl er verzweifelt versuchte, sie zu vertreiben. Er selbst wurde, ehe er sich versah, in die Kutsche gezerrt und fuhr mit dem ganzen Spuk geradewegs in die Hölle. Seither aber herrscht ein für alle Male Ruhe zwischen Rathaus und Gürzenich.

Jan-von-Werth-Brunnen

Der kürzeste Weg zum Alter Markt führt über die Treppe neben dem Ratsturm hinunter. Mitten auf dem Platz steht ein großer Brunnen, der sogar noch ein wenig älter ist als der Heinzelmännchenbrunnen, wie dieser vom Kölner Verschönerungsverein gestiftet wurde und ebenfalls an eine Sage erinnert. Geschaffen hat ihn 1884 Wilhelm Albermann.

Am besten beginnt man die Brunnenbetrachtung von der Rückseite aus. Dort findet man unter dem Standbild des Jan von Werth eine Tafel mit der Jahresangabe „1591–1652". Damit ist klar, dass es diesen Herrn tatsächlich gegeben hat. Er war ein berühmter Reitergeneral im Dreißigjährigen Krieg. Bei den Kölnern hatte er sich damals besonders durch die Befreiung der Feste Ehrenbreitstein bei Koblenz beliebt gemacht. Dadurch wurde nämlich der Handel über den Rhein wieder möglich. Die meisten Leute denken bei ihm allerdings wohl eher an die Geschichte von „Jan un Griet", die der Mundartdichter Karl Cramer, dem der Brunnen gewidmet ist, in kölsche Verse gefasst hat.

Angeblich war Jan ursprünglich einfacher Stallbursche auf einem Kölner Hof, wo er sich in die Magd Griet verliebte. Seine Angebetete zeigte ihm jedoch die kalte Schulter, weil er ihr nicht gut genug war. Sie träumte von einem reichen Bauern mit Ochsen, Kühen, Pferden und allem, was dazu gehört. Da zog der verschmähte Liebhaber in den Krieg und wurde vor lauter Liebeskummer so tapfer, dass er es schließlich sogar zum Reitergeneral brachte. Als die beiden sich Jahre später an der Severinstorburg wieder begegneten, mussten sie feststellen, dass im Leben manches anders läuft, als man es sich in jungen Jahren vorstellt. Während der Stallbursche unerwartet beim Militär Karriere gemacht hatte, hatte es Griet gerade mal zu einem eigenen Marktstand gebracht. „Griet, wer et hätt jedonn!“ („Griet, hättest du mich mal genommen damals!“), meinte er zu ihr. „Jan, wer et hätt jewoß!“ („Jan, wenn ich das gewusst hätte!“), lautete ihre Antwort. Aber es war zu spät, die Uhr zurückzudrehen. Die Liebe war auf der Strecke geblieben.

An den Seiten des Jan-von-Werth-Brunnens sind Bauer und Jungfrau, die jahrhundertealten Repräsentanten der Stadt, dargestellt. Mit ihrer Krone aus Mauerzinnen steht die Jungfrau für die Unüberwindbarkeit der mittelalterlichen Stadtmauer. Der Bauer verdankt seine Existenz einem Übersetzungsfehler: Man glaubte früher, der lateinische Stadtname „Colonia“ sei von „colonus“, der Bauer, abgeleitet.

Gürzenich

Der Gürzenich entstand zwischen 1441 und 1447 als offizielles Tanz- und Festhaus der Ratsherren. Wie der 1414 vollendete Ratsturm war auch dieser gotische Bau ein Ausdruck des großen Selbstbewusstseins der Kölner Bürgerschaft. Heute verbinden ihn die meisten mit dem Kölner Karneval. Die Aufzeichnung der Großen Festsitzung wird jedes Jahr im Fernsehen ausgestrahlt. Musikfreunde hingegen denken an das Gürzenich-Orchester.

Der eigenartige Name des gotischen Festhauses, des Gürzenich, leitet sich von einem Adelsgeschlecht ab. Ihm gehörte ein Teil des Grundstücks zwischen Martinstraße und Quatermarkt, das die Stadt Köln im 15. Jahrhundert für die Errichtung des heute unter anderem als Konzertsaal und Kongresszentrum genutzten Gebäudes erwarb.

Doch der Gürzenich ist auch immer noch „die gute Stube" Kölns. Im September 1997 wurde das Gebäude nach monatelanger Restaurierung und Modernisierung als Kongresszentrum wieder eröffnet. An der Ostseite finden sich über den beiden Eingängen zwei Rittergestalten. Tatsächlich handelt es sich bei diesen beiden jedoch um Römer. Man stellte sie als Ritter dar, also in der zeitgenössischen Soldatenbekleidung, um dem Betrachter deutlich vor Augen zu führen, dass Geschichte immer auch ihre Auswirkungen in die Gegenwart hat.

Der eine, Marcus Vipsanius Agrippa, war nicht nur der Großvater Julia Agrippinas (Ehefrau des Kaisers Claudius und Mutter Neros, die sich im lateinischen Namen ihrer Geburtsstadt Köln – Colonia Claudia Ara Agrippinensium – verewigen ließ), sondern auch ein bedeutender Feldherr. Im Jahr 38 v. Chr. kam er an den Rhein und besiegte die linksrheinisch ansässigen Kelten. Danach gelang es ihm, die rechtsrheinischen Ubier, einen Germanenstamm, als Verbündete der Römer zu gewinnen, welche daraufhin in das „frei gewordene" Gebiet auf der anderen Seite des Flusses umsiedelten. Lange Zeit wurde daher das Jahr 38 v. Chr. als Gründungsdatum für Köln angenommen und Agrippa als Stadtgründer bezeichnet, doch das haben die Historiker mittlerweile widerlegt.

Von dem anderen Römer, dem Hauptmann Marsilius, erzählt eine Sage.

Nach dem Tod Neros kam es im Römischen Reich zu schweren Auseinandersetzungen, da vier Männer gleichzeitig Anspruch auf den Kaiserthron erhoben, darunter auch der bisherige Statthalter der Provinz Niedergermanien, Vitellius. In Köln war er jedoch so unbeliebt, dass die Bürger ihm die Gefolgschaft verweigerten. Da belagerte er mit seinem Heer die Stadt. Schon wollten die ausgehungerten Kölner sich ihren römischen Belagerern ergeben, da verkündete Marsilius einen schlauen Plan, der Köln mit Hilfe der Frauen retten sollte.

Alle Frauen verkleideten sich als Legionäre und lockten die Angreifer so in eine Falle. Sie täuschten einen Ausfall zu einem nahe der Stadtmauer gelegenen Wäldchen vor. Ihre Feinde glaubten, die Kölner versuchten, in letzter Verzweiflung Holz zum Unterhalt der Wachtfeuer zu holen, um einen nächtlichen Überraschungsangriff zu verhindern, und nahmen die Verfolgung auf. Nun konnten die „echten" Soldaten den Feinden unbemerkt in den Rücken fallen. Dieser vermeintlichen Übermacht ergab sich schließlich das ganze, höchst verwirrte Heer der Römer.

Als die Kölnerinnen ihre Helme abnahmen und sich zu erkennen gaben, da wurde auch den Besiegten bewusst, dass man eben niemals die Rechnung ohne die Frauen machen sollte. Vitellius aber musste den Kölnern eine Art Blanko-Urkunde ausstellen, in der sie, würde er es tatsächlich bis zum Kaiser bringen, für ihre Stadt bestimmte Vorrechte zugesichert bekämen. Doch zum Pech für die Kölner wurde er von Vespasian besiegt und getötet.

Über dem rechten Portal an der Ostseite des Gürzenich ist Marsilius als Ritter dargestellt. Lange wurde er für eine historische Persönlichkeit gehalten und noch bis ins 18. Jahrhundert konnte man Überreste seines angeblichen Grabes bestaunen, von denen man heute allerdings weiß, dass es sich um Teile eines Aquädukts handelte.

Neumarkt

Über die Gürzenichstraße und die Schildergasse erreicht man schließlich den Neumarkt. Wo sich heute große Einkaufspassagen erstrecken, wohn-

Der Neumarkt bildet das Herzstück der Einkaufsstraßen, die ost-, west- und nordwärts von ihm abgehen. Die betriebsamste und größte von ihnen ist die Schildergasse, die, ähnlich wie die von ihr Richtung Dom abzweigende Hohe Straße, römische Wurzeln hat.

ten im Mittelalter Patrizier. Als 1349 die Pest erstmals Köln erreichte und bis zu zwei Drittel der Stadtbevölkerung dahinraffte, soll sich hier ein kleines Wunder ereignet haben: Eine Kölner Kaufmannsfrau kehrte von den Toten zurück!

Auch nach drei Jahren Ehe liebte Mengis von Aducht seine Richmodis noch heiß und innig. Doch als die Pest die Stadt erreichte, erkrankte sie und starb. Der diebische Totengräber hatte, als er den Sargdeckel schloss, gesehen, dass ihr Mann ihr all ihren kostbaren Schmuck gelassen hatte. Daher schlich er sich im Dunkel der Nacht noch einmal auf den Friedhof an St. Aposteln, um ihn zu stehlen. Als er jedoch auch noch den Ehering rauben wollte, schlug die Leiche plötzlich die Augen auf. In heller Panik rannte der Totengräber davon. Richmodis machte sich, nachdem sie den ersten Schreck überwunden hatte, auf den Heimweg, denn ihr Haus lag ganz in der Nähe. Doch als sie dort ans Tor klopfte, wollte man ihr nicht glauben und ließ sie nicht ein. Mengis dachte, jemand spiele ihm einen besonders geschmacklosen Streich, und rief schließlich: „Eher schauen meine beiden Pferde aus dem höchsten Fenster des Hauses, als dass meine Frau von den Toten zurückkehrt!" Und es geschah das zweite Wunder in jener Nacht: Die Pferde kamen aus dem Stall, trabten die Turmtreppe hinauf und sahen schnaubend aus dem Fenster. Endlich überzeugt, riss Mengis das Tor auf und schloss seine Frau überglücklich in die Arme.

An diese schöne Geschichte erinnert noch heute in der Richmodstraße der Turm mit den beiden Pferdeköpfen. Es handelt sich jedoch nicht mehr um die mittelalterlichen Skulpturen, sondern um moderne Nachbildungen von 1958. Allerdings hat die Sage einen durchaus realen und wenig schönen Hintergrund. Vielleicht liegt ihr sogar eine wahre Begebenheit zugrunde, denn nachweislich war es im Mittelalter und auch noch später gar nicht selten, dass „Scheintote" beerdigt wurden. Oft hat man bei der Verlegung oder Auflösung von Gräbern Särge gefunden, in denen die Leichen seltsam verkrümmt lagen und Kratzspuren an den Wänden und Deckeln von den verzweifelten Befreiungsversuchen der lebendig Begrabenen zeugten. Bei Scheintoten kann man mit den üblichen Methoden (Flaumfeder oder Spiegel unter die Nase halten, um eventuelle Atmung festzustellen, Puls fühlen, Körpertemperatur messen) den Tod nicht feststellen, weil ihre lebenserhaltenden Körperfunktionen so herabgesetzt sind, dass sie sich nur mit modernen Geräten nachweisen lassen. So gab es keine Möglichkeit, den Tod wirklich sicher festzustellen. Die einzige Hoffnung war, dass der „Verstorbene" während der dreitägigen Aufbahrungszeit wieder erwachte. In Pestzeiten fiel jedoch auch diese weg, denn dann musste die Leiche noch am selben Tag vom Totengräber abgeholt und auf den Friedhof geschafft werden. Allerdings kam es vor, dass dieser aufgrund der vielen Todesfälle mit dem Beerdigen nicht mehr hinterherkam und den einen oder anderen Sarg über Nacht stehen lassen musste. Da ein Totengräber ziemlich schlecht bezahlt wurde, war die Verlockung zur Grabräuberei natürlich sehr groß und es ist durchaus vorstellbar, dass die Geschichte der Richmodis, einmal abgesehen von dem akrobatischen Ausflug der Pferde, sich tatsächlich zugetragen hat.

In der Richmodstraße schauen zwei Pferdeköpfe auf das emsige Treiben zu Füßen des Turms. Allerdings befand sich nicht das dazugehörige Anwesen, der Hackeneysche Hof, im Besitz der Familie von Aducht, sondern ein benachbartes Gebäude. Möglicherweise schmückten solche Pferdeköpfe ursprünglich den Stall des Hofes und wurden erst später mit der Richmodissage in Verbindung gebracht.

„Oh, Wunder!"

Ein wenig versteckt steht die jüngste der romanischen Kirchen, St. Kunibert, unweit des nördlichen Rheinufers. Dabei hat sie keinen Grund, zurückhaltend zu sein, denn sie verfügt über eine Reihe bedeutender Kirchenschätze, wie etwa ihre kostbaren Fenster oder eine Verkündigungsgruppe von 1439.

Heiliges, Seltsames und Wunderbares

St. Kunibert

Viele Touristen meinen, der Dom sei die älteste Kirche Kölns. Das ist ein Irrtum, denn die romanischen Kirchen, von denen die Stadt immerhin zwölf aufzuweisen hat, entstanden bereits zwi-

schen dem 10. und 13. Jahrhundert und ihre Wurzeln reichen oft bis in die Römerzeit.
St. Kunibert ist die jüngste von ihnen und wurde erst ein Jahr vor Beginn des Dombaus, also 1247, geweiht. Trotzdem besitzt sie die ältesten, noch an ihrem ursprünglichen Ort erhaltenen Glasfenster, die außerdem zu den bedeutendsten Glasmalereien des frühen 13. Jahrhunderts zählen. Ein Besuch der Kirche lohnt sich also auch, wenn man nicht unbedingt Kinder haben will.
In Köln werden Kinder nämlich nicht vom Klapperstorch gebracht, sondern man holt sie aus einem alten Brunnen in St. Kunibert, dem so genannten Kunibertspütz (Pütz = Brunnen). Auf seinem Grund hütet Maria der Legende nach die ungeborenen Kinder, bis eine Frau kommt und von dem Brunnenwasser trinkt. Dann weiß Maria, dass sie sich ein Kind wünscht. Sie sucht ihr eines aus der großen Schar aus und bereitet es auf sein Erdenleben vor. Neun Monate später kann die Frau es sich dann abholen.
Der Heilige, dem die Kirche geweiht ist, war übrigens ab 627 Bischof von Köln und der erste in der langen Reihe der Kölner Bischöfe, der sich als bedeutender Politiker hervortat.
St. Kuniberts Lieblingsheilige war Ursula, von der gleich noch die Rede sein wird. Umso trauriger war er, dass ihm niemand sagen konnte, wo genau sich ihr Grab befand. Als während eines Gottesdienstes zu Ehren der Heiligen eine Taube in die Kirche flog und lange Zeit an einer bestimmten Stelle sitzen blieb, sah Kunibert darin ein Zeichen Gottes. Er gab den Auftrag, dort nachzugraben. Und tatsächlich stieß man schon nach wenigen Spatenstichen auf den Sarkophag der Heiligen.

Bild Seite 28/29:
Die moderne Deckenbemalung in St. Gereon lässt sich vielfältig interpretieren. So erinnert der ziegelsteinrote Untergrund an die Römerzeit, in welcher Gereon und seine Gefährten ihr Martyrium erlitten, aber auch an das Blut, das sie der Legende nach hier vergossen haben. Die goldenen Tropfen scheinen auf den Besucher herabzuregnen wie einst die Flammen des Heiligen Geistes auf die Apostel. Gleichzeitig schwingt auch hier wieder das Märtyrermotiv mit, denn gaben die thebäischen Legionäre nicht das kostbarste, was sie hatten, ihr Leben nämlich, für ihren Glauben?

Am Ende des Eigelsteins stößt man auf die Eigelsteintorburg. Woher dieser seltsame Name kommt, ist nicht genau bekannt. Die einen sagen, hier hätte ein mit einem Pinienzapfen verziertes Römergrab gestanden. Der Zapfen sei später für eine Eichel gehalten worden. Die anderen behaupten, „Eigel" komme von lateinisch „aquila", der Adler. In der Zeit der französischen Besetzung (1794-1815) wurde daraus „aigle" und bei der Rückübersetzung „Eigel".

St. Ursula

Von St. Kunibert aus kann man über die Straße Unter Krahnenbäumen zum Eigelstein gehen. Früher war dies eines der typischsten Kölner Viertel. Nach dem Krieg wurde es leider durch den Bau der Nord-Süd-Fahrt rücksichtslos zerschnitten und hat seinen Charakter weitgehend verloren. Der Eigelstein allerdings hat, obwohl in den letzten Jahren leider etwas heruntergekommen, noch immer sein ganz eigenes und recht multikulturelles Flair. Hier wendet man sich nach links und geht schließlich unter der Eisenbahnunterführung hindurch nach rechts zum Ursulaplatz.

Die barocke Krone auf der Turmspitze der romanischen Kirche macht St. Ursula unverkennbar und weist auf die königliche Abstammung ihrer Namenspatronin hin.

Ursula war eine fromme bretonische Prinzessin, die gelobt hatte, Nonne zu werden. Der Heiratsantrag eines englischen Prinzen brachte sie allerdings in eine Zwickmühle: Sein Vater nämlich drohte, im Falle ihrer Weigerung mit seinem Heer in ihr Land einzufallen. Ein Engel wies ihr den Ausweg. Sie sollte sich auf eine Pilgerfahrt nach Rom begeben. Auf dem Rückweg würde sie den Märtyrertod sterben und so nicht nur der Gefahr entgehen, zwischen dem Wohl ihres Landes und ihrem Gelübde gegenüber Gott wählen zu müssen, sondern auch direkt in den

Himmel aufgenommen werden. Mit elftausend jungfräulichen Begleiterinnen machte sie sich auf den Weg. Als sie auf der Heimreise Köln passieren wollten, lauerten ihnen die barbarischen Hunnen auf, überfielen ihre Schiffe und ermordeten alle. Nach dem Tod der letzten Jungfrau vertrieben himmlische Heerscharen die Krieger und die Kölner bestatteten die Märtyrerinnen in allen Ehren.

Oft wird Ursula im Stil einer Schutzmantelmadonna dargestellt, unter deren Mantel sich aber statt der Menschen die Jungfrauen scharen. Diese Figur aus dem 16. Jahrhundert ziert den Eckpfeiler im nördlichen Langhaus des Domes.

Seit dem 4. Jahrhundert wurden christliche Märtyrerinnen an dieser Stelle verehrt, ab 1135 wurde die romanische Emporenbasilika errichtet. Der gotische Chor folgte Ende des 13. Jahrhunderts. Ein Besuch der Kirche lohnt sich allemal und man sollte zumindest einen kurzen Blick auf einige der bedeutenden Kirchenschätze werfen, zu denen zum Beispiel ein Bilderzyklus der Kölner Malerschule zählt, der das Leben der heiligen Ursula darstellt. Außerdem findet sich im Chorbereich eine Inschrift aus frühchristlicher Zeit, die bezeugt, dass an dieser Stelle tatsächlich Jungfrauen das Martyrium erlitten haben. Diese sogenannte Clematius-Inschrift wird heute zusammen mit der Tatsache, dass man bei archäologischen Grabungen schon für das 4. Jahrhundert eine römische Basilika an dieser Stelle nachweisen konnte, im Allgemeinen als Beweis dafür gewertet, dass die Legende zumindest auf ein tatsächliches Geschehen zurückgeht. Ein großer Teil der Geschichte ist allerdings wohl der Fantasie der mittelalterlichen Erzähler zuzuschreiben, denn nicht

Hoch über den Dächern des Viertels ist die barocke Turmhaube von St. Ursula schon von weitem gut zu erkennen. Die goldene Krone soll an die königliche Abstammung der heiligen Ursula erinnern. Ursprünglich lag die Kirche vor den Toren der Stadt und wurde um 1106 in das Stadtgebiet einbezogen. Der Turm und der Chor stammen aus dem 13. Jahrhundert.

einmal der Name der Heiligen ist unumstritten. Wahrscheinlich stammt er von einem frühchristlichen Grab eines achtjährigen Mädchens namens Ursula. Die Anzahl der Heiligen, die ja doch recht erstaunlich ist, rührt vermutlich von einen Lesefehler bei der Entzifferung der auf Lateinisch geschriebenen Legende her: Aus der Abkürzung „M“ für „Märtyrerinnen“ machte man einfach ein *mille* und damit „Tausend“. Möglicherweise geschah dieser „Fehler“ nicht ganz unabsichtlich, um die übergroße Anzahl der Gebeine zu erklären, die man beim Bau der Stadtmauer im 12. Jahrhundert hier gefunden hat. Heute weiß man, dass es sich bei der angeblichen Grabstätte Ursulas und ihres Gefolges um einen der großen römischen Friedhöfe handelte.

Damals jedoch entstand ein ausgesprochener Heiligenkult, in dessen Folge man begann, die zahlreichen Gebeine als Reliquien zu verkaufen. Dieser Verkauf war eigentlich nicht erlaubt, aber die Kölner hatten ein einträgliches Hintertürchen entdeckt: Man brauchte die Knochen nur in ein Reliquiar, einen Reliquienbehälter also, zu legen, und schon hatte der Handel auch den Segen der Kirche. Daraus entwickelte sich ein regelrechter „Exportschlager“. Man fertigte aus Holz Mädchenbüsten, die typische „Rheinmädel“ darstellten: rundlich, mit rosigen Wangen und oft einem verschmitzten Lächeln auf den Lippen. Vorne haben diese Büsten eine Öffnung, durch die man die kostbar umhüllten Reliquien in ihrem Inneren sehen konnte. Und besonders liebe Freunde des Kölner Klerus erhielten auch schon einmal eine oder sogar mehrere „ganze“ heilige Jungfrauen zum Geschenk!

Erst 1393 setzte der Papst dem Treiben der Kölner ein jähes Ende: Er verbot die weitere Ausfuhr von Ursulareliquien, weil er befürchtete, dass die Kölner sonst selbst bald keine mehr hätten. Tatsache ist, dass zu dieser Zeit bereits ca. 12 000 Ursulareliquien in Umlauf waren (von denen heute noch ca. 3 000 existieren). Wer sich für sie interessiert, sollte auf jeden Fall die „Goldene Kammer" besichtigen. 1643 vom kaiserlichen Gesandten Johann von Crane gestiftet, ist sie ist ein nördlich der Alpen einzigartiger Andachtsraum, in dem die Wände teilweise mit Märtyrergebeinen geschmückt sind und in Nischen zahlreiche der kostbaren Reliquiare stehen. Kostbar ist auch der Schrein des Aetherius, Ursulas Verlobten, aus dem Jahr 1170.

Diese Darstellung des Stadtwappens befindet sich an einer der Türen des modernen Gürzenichanbaus. Die Farben Rot und Weiß sind allen Städten der Hanse, zu denen auch Köln gehörte, gemeinsam. Allerdings ist es umstritten, ob das wirklich der Grund für ihre Verwendung in Köln ist.

Ursula war übrigens im Mittelalter die Schutzpatronin der Kölner Tuchhändler, einem der einträglichsten Wirtschaftszweige der Stadt, und wurde im weiteren Verlauf auch zur Stadtpatronin erhoben. Auf dem Stadtwappen wird sie noch heute durch ein weißes Feld mit elf schwarzen Tropfen oder Flammen repräsentiert. In Wirklichkeit handelt es sich weder um Tropfen noch um Flammen. Das bretonische Wappen besteht aus Hermelinpelz. Deshalb zeigt das Kölner Wappen einen weißen Hermelinpelz mit elf schwarzen Hermelinschwänzen. Die drei Kronen auf rotem Feld im oberen Bereich des Stadtwappens stehen natürlich für die Heiligen Drei Könige, deren Reliquien 1164 nach Köln kamen.

St. Gereon war im Mittelalter die wichtigste Kirche der Stadt neben dem Dom. Hier ein Blick von Osten auf den Chor, der im 11. Jahrhundert angebaut wurde. Aus derselben Zeit haben sich in der Krypta seltene Fußbodenmosaiken erhalten.

St. Gereon

Der Weg zu St. Gereon ist etwas weiter. Der kürzeste Weg führt vom Ursulaplatz zur Ursulastraße, die an dieser Stelle den Namen wechselt. Im weiteren Verlauf heißt sie erst Victoria- und dann Kyotostraße. Ehe sie zur Straße Am Kümpchenshof wird, wendet man sich nach links in die Probsteigasse, die auf die bedeutendste der romanischen Kirchen geradewegs zuführt. Schon von weitem ist sie an ihrer ungewöhnlichen Bauweise zu erkennen. Hinter den beiden Türmen wölbt sich eine große, zehneckige Kuppel, ein sogenanntes Dekagon, das nach dem Vorbild der Hagia Sophia in Istanbul entstand. Ersatz für die zerstörten Fenster schufen nach dem Krieg die bedeutenden Glaskünstler Wilhelm Buschulte und Georg Meistermann.

Interessant ist auch die moderne Deckengestaltung dieses Bauteils, bei der rote Flammen auf die Gläubigen herabzuregnen scheinen. Damit wird eine Verbindung zum Pfingstfest hergestellt, aber auch zum Glauben der Märtyrer um Gereon, die der Legende nach an dieser Stelle ihr Leben ließen.

Als die Römer von der Thebäischen Legion unter Führung Gereons verlangten, dass sie in Köln Christen ausfindig machen und töten sollten, kam es heraus: Gereon und seine Leute, die es aus dem fernen Ägypten ins kalte Germanien verschlagen hatte, waren selber Christen! Der Statthalter befahl ihnen, sich von ihrem Glauben abzuwenden und den Kaiser als Gott zu verehren. Doch lieber ging die ganze Legion in den Tod, denn sie waren felsenfest überzeugt: Menschen sind keine Götter.

Erst von Nahem sieht man die ganze Pracht von St. Gereon, deren herausragendstes architektonisches Element das Dekagon ist: Der zehneckige Mittelbau ist der Hagia Sophia nachempfunden und stammt in seinen ältesten Teilen aus dem 4. Jahrhundert.

Es heißt, keine Geringere als die heilige Helena, die Mutter Kaiser Constantins, habe ihre Gebeine entdeckt und einen ersten Kirchenbau für sie in Auftrag gegeben. Und in den alten Schriften ist wiederholt von einer Kirche die Rede, die den Namen *Ad aureos sanctos* – „Zu den goldenen Heiligen" getragen haben soll. Angeblich rührt der Name von prächtigen Mosaiken in ihrem Innern und goldenem Licht, das den Raum erfüllte, her. Der Kirchenbau von St. Gereon steht in der Tat auf einem römischen Gräberfeld. Zudem hat man unter dem Dekagon Überreste eines Ovalbaus aus dem Ende des 4. Jahrhunderts gefunden. Mehr allerdings lässt sich wissenschaftlich nicht belegen.

Die heilige Helena soll bei ihrem Besuch übrigens nicht nur den heiligen Gereon gefunden, sondern auch ein ganz besonderes Geschenk in Köln ge-

Kryptisch heißt es in der lateinischen Inschrift über der sagenumwobenen Blutsäule: „Glaube mir, hier an dem Stein wurde vor langer Zeit Blut vergossen. Wenn ich mich schlecht verhalte, straft er."

lassen haben: die sogenannte Blutsäule. Der Legende nach handelt es sich um jene Säule, an der Jesus gegeißelt wurde. Allerdings ist es schon etwas erstaunlich, dass Helena sie extra von Palästina nach Köln geschleppt haben soll, um sie dann den Kölnern zu überlassen. Wahrscheinlich handelt es sich „nur" um den Überrest eines Vorgängerbaus der heutigen Kirche, wo sie im Dekagon steht. Auch zu ihr gibt es eine Sage:

Wer sich der Blutsäule ohne reines Gewissen nähert, wird von ihr bestraft, besonders, wenn er womöglich schon einmal einen Mord begangen hat. Mancher, der das nicht glauben wollte, musste dafür schon mit dem Leben bezahlen. So erging es auch dem für seine Grausamkeit und Mordlust bekannten Frankenkönig Thiederich, der darauf bestand, dass für ihn ein Gottesdienst in der schönsten Kirche Kölns gehalten werden sollte. Alle Warnungen schlug er lachend in den Wind. Nach dem Schlusssegen trat er sogar unmittelbar vor die Säule und prahlte, dass sie ihm nichts anhaben könne. Doch plötzlich stieß er einen Schrei aus und brach sterbend zusammen. Als man seinen Leichnam entkleidete, entdeckte man über seinem Herzen einen tiefen Einstich, wie von einem Dolch. Sein Lederwams allerdings war unversehrt.

St. Andreas

Die Gereonstraße führt zurück in Richtung Dom. An der Nord-Süd-Fahrt, die in diesem Bereich Tunisstraße heißt, biegt man nach rechts ab und geht auf der Komödienstraße einige Meter nach

links, bis man St. Andreas vor sich sieht. In der Krypta dieser Kirche befindet sich das Grab von Albertus Magnus. Er war Dominikaner und einer der bedeutendsten Gelehrten des Mittelalters. 1248, in demselben Jahr, in dem der Dombau begonnen wurde, gründete sein Orden in Köln eine erste Hochschule, an der auch er unterrichtete. Sie befand sich nur eine Straße weiter, dort, wo bis vor einigen Jahren die Hauptpost stand und sich nun eine Seniorenresidenz erstreckt.

Albertus Magnus beeindruckte die Menschen mit seiner Klugheit, doch manchen machte sie wohl auch Angst. So gibt es eine ganze Reihe von Legenden, die sich um ihn ranken. Und in nicht wenigen davon wird ihm unterstellt, dass er sogar der Zauberei mächtig und in okkulten Dingen bewandert gewesen sei. Sogar die Erschaffung eines „sprechenden Bildes" wird ihm zugeschrieben.

Jahrelang arbeitete Albertus Magnus an der Erschaffung eines künstlichen Menschen aus Metall. Endlich war die Figur zu seiner Zufriedenheit geraten. Doch hatte er die Rechnung ohne seinen Lieblingsschüler Thomas von Aquin gemacht. Der spionierte ihm heimlich hinterher, da ihm die weltlichen Interessen seines Meisters Sorgen bereiteten, und in einem unbewachten Moment gelang es ihm, das Arbeitszimmer des großen Gelehrten zu untersuchen. Als er den Vorhang vor einer

Albertus Magnus starb 1280 in Köln. Bestattet ist er in der Krypta von St. Andreas. Diese Skulptur stand daher lange Zeit an der Südseite der Kirche, ist aber inzwischen in den modernen Gebäudekomplex auf der Straße An den Dominikanern versetzt worden, der sich an der Stelle befindet, wo Albertus einst lehrte.

Nische zur Seite zog, fand sich der Mönch einer seltsamen Metallfigur gegenüber, die ihn mit einem deutlichen „Sei gegrüßt!“ empfing. Entsetzt glaubte Thomas, es mit einem Dämon zu tun zu haben, griff sich das erste schwere Instrument, dessen er habhaft werden konnte, und schlug damit auf die Gestalt ein, bis nur noch ein Haufen Schrott übrig war. Durch den Lärm alarmiert eilte Albertus Magnus herbei, konnte aber die vollständige Zerstörung seines Lebenswerkes nicht mehr verhindern.

St. Aposteln

Nach so vielen Kirchen bietet es sich an, einen kleinen Einkaufsbummel einzuschieben. Dazu kann man nun über Hohe Straße und Schildergasse bis hinunter zum Neumarkt flanieren.
Unübersehbar schiebt sich hier dem Betrachter der prächtige Kleeblattchor von St. Aposteln entgegen. Bis zum Ende des 12. Jahrhunderts hatte die Kirche sehr viel bescheidener ausgesehen. Als jedoch 1199 ein heftiges Feuer in der Stadt wütete, wurde auch der Chor schwer in Mitleidenschaft gezogen. Dieser Umstand machte einen Neubau erforderlich, dessen Ergebnis heute als schönster der drei Kleeblattchöre in Köln gilt. Die beiden anderen findet man an Groß St. Martin und St. Maria im Kapitol.
Bei diesem Brand soll sich ein kleines Wunder ereignet haben. Unmittelbar neben der Kirche befand sich das Haus einer armen Witwe. Als sie sah, wie sich das Feuer über die Stadt ausbreitete, verschwendete sie, im vollen Vertrauen darauf,

dass die Apostel schon darüber wachen würden, keinen Gedanken an ihre eigene Habe, sondern kümmerte sich aufopferungsvoll um andere. Und tatsächlich: Während ein Teil von St. Aposteln abbrannte und einstürzte, blieb ihr eigenes Haus vollkommen unversehrt.

Vom Neumarkt aus sieht man übrigens deutlich, dass am Chor einmal ein Stück zugemauert worden ist. Die meisten denken, es handele sich dabei um ein Fenster. In Wirklichkeit war es jedoch eine Tür, denn lange Zeit verliefen hier noch Reste der römischen Stadtmauer. Und da der Pfarrer von St. Aposteln direkt an dieser Mauer wohnte, hatte er hier seinen „Privateingang".

St. Aposteln zählt zu den jüngeren der zwölf romanischen Kirchen in Köln. Besonders auffällig ist der zum Neumarkt hin gerichtete Kleeblattchor, den außer ihr nur noch St. Maria im Kapitol und Groß St. Martin vorzuweisen haben.

Der Kreuzgang von St. Maria im Kapitol ist einer der wenigen Ruhepunkte inmitten hektischen Großstadtgetriebes. Bei einem Rundgang kann man an den Wänden sogar noch Mauerreste des römischen Kapitolstempels entdecken, die in die Kirche integriert wurden.

Bild Seite 43 unten:
Die Hermann-Joseph-Madonna wirkt so liebevoll und mütterlich, dass die Begeisterung eines kleinen Jungen für sie leicht nachvollziehbar ist.

St. Maria im Kapitol

Zurück geht es über die Cäcilienstraße, wo man an einer weiteren romanischen Kirche vorbeikommt. St. Cäcilien wird allerdings nur noch an wenigen Tagen im Jahr als Kirche benutzt. Ganzjährig beherbergt sie das Museum Schnütgen, das christliche Kunst, vor allem des Mittelalters, zeigt.
Ein Stück weiter die Straße hinunter, schräg gegenüber vom Kaufhof, erhebt sich hinter einer Wohnanlage St. Maria im Kapitol. Sie zeigt schon durch ihre Platzierung, dass ihr eine besondere Stellung zukommt. Sie wurde mitten auf den römischen Kapitolshügel in die Überreste eines Tempels der höchsten Götter, Jupiter, Juno und Minerva, gebaut und gehörte im Mittelalter zu den größten und hervorragendsten Damenstiften der

Stadt. Im Eingangsbereich befindet sich der einzige in Köln noch erhaltene Kreuzgang. Doch auch sonst hat die Kirche einiges zu bieten.

Sicherlich ihr größter Schatz sind zwei hölzerne Türflügel, die im Innern im südlichen Langhaus ausgestellt sind. Sie wurden zur Kirchweihe 1065 fertig gestellt. In vielen Bildfeldern, die ursprünglich bunt bemalt waren, erzählen sie die Geschichte vom Leben und der Passion Christi. Es ist aus dem Mittelalter keine ihnen vergleichbare Holztür mehr erhalten.

Eindrucksvoll ist außerdem das Pestkreuz vom Ende des 14. Jahrhunderts, das in der Nordkonche hängt.

Die Legende berichtet von ihm, dass der Kopf Jesu immer weiter auf die Brust sinkt. Der Tag, an dem er ganz herabgesunken ist, wird der Jüngste Tag sein.

Ganz in der Nähe findet man auch die Hermann-Joseph-Madonna aus dem 12. Jahrhundert, um die sich eine nette Legende rankt. Sie steht an einem der Chorpfeiler und man erkennt sie leicht an den zu ihren Füßen liegenden Äpfeln. Die Figur ist relativ flach und lässt vermuten, dass sie ursprünglich Teil eines Reliefs war.

Dem kleinen Hermann fiel auf, dass die meisten Marienfiguren seiner Zeit einen Apfel in der Hand hielten. Wofür sie den wohl brauchten? Für ihn war klar, dass sie ihn bereit hielten für den Fall, dass das Jesuskind einmal Hunger hatte. Besorgt stellte er fest, dass jedoch gerade seine Lieblingsmadonna nichts für ihr Kind hatte. Da reichte er ihr seinen schönsten Apfel – und sie beugte sich herab und nahm ihn an. Danach durfte er sogar noch eine Weile mit dem Jesuskind spielen. Dieses

Typisch für die Pestkreuze, die vor allem im 14. Jahrhundert Verbreitung fanden, ist die extreme Betonung des Leidens Christi durch die Darstellung eines von Wunden übersäten und bis zum Skelett abgemagerten Körpers.

In St. Maria Lyskirchen, der ehemaligen Kirche der Rheinschiffer, steht diese Maternus-Statue. Deutlich erkennbar trägt er eine Bischofsmütze auf dem Kopf und zwei weitere auf dem Buch in seiner Hand: Zeichen seiner dreifachen Bischofswürde in Köln, Trier und Tongern.

Erlebnis beeindruckte ihn so, dass er schon mit zwölf Jahren ins Kloster Steinfeld in der Eifel ging, wo er zusätzlich zu seinem eigenen Namen noch den von Marias Ehemann, Joseph, annahm. Auch wenn er „seine" Maria nun nicht mehr besuchen konnte, so erschien ihm die Muttergottes doch noch weiter in vielen Visionen und Träumen, so dass er zu einem bedeutenden Mystiker und Heiligen wurde.

Der Apfel in der Hand Mariens kennzeichnet sie übrigens als „neue Eva", die dadurch, dass sie Jesus das Leben schenkt, die Schuld von den Menschen nimmt, welche die „alte" Eva einst durch den Biss in den Apfel vom Baum der Erkenntnis über sie gebracht hatte. Aber das konnte Hermann-Josef damals natürlich noch nicht wissen.

Rheinufer

Gegen die Strömung geht es nun am Rhein hinauf Richtung Süden, so wie sich erstaunlicherweise auch das Boot mit dem Leichnam des heiligen Maternus bewegt haben soll.

Von drei Städten, Tongern, Trier und Köln, war Maternus Bischof gewesen. Doch welche von ihnen sollte nach seinem Tod den Leichnam des Heiligen bekommen? Die Trierer erhoben Anspruch auf ihn, da seine beiden Freunde bereits bei ihnen ihre letzte Ruhe gefunden hatten. Die Kölner forderten ihn für sich, da ihr Bistum dasjenige war, welches er selbst als erstes gegründet hatte. Und die Leute aus Tongern waren der Meinung, er müsse zu ihnen kommen, da sie als jüngstes der drei Bistümer bisher am wenigsten von ihm gehabt hatten. Da konn-

te nur ein Gottesurteil entscheiden. Und siehe da: Das Boot, in das man den Toten gelegt hatte, fuhr, unter dem Jubel der Trierer, gegen den Strom und in Richtung ihrer Heimatstadt, den Rhein hinauf.
Die Kölner aber bauten als Erinnerung an dieses Wunder dort, wo das Boot mit Maternus gestrandet war, die „Ruwen-", das heißt „Trauer"-Kirche. Um sie herum wuchs in den nächsten Jahrhunderten ein Ort heran. Die Kirche steht schon lange nicht mehr, den Ort jedoch gibt es noch. Er heißt Rodenkirchen und ist längst ein Stadtteil von Köln geworden.

Lange bevor man durch die Bäume einen Blick auf St. Maria Lyskirchen auf der anderen Straßenseite erhascht, erscheint vor dem Auge des Spaziergängers am Rheinufer das Schokoladenmuseum, das – am Eingang zum Rheinauhafen – wie ein mächtiges Schiff im Rhein zu liegen scheint.

St. Maria Lyskirchen

Gegenüber dem Schokoladenmuseum befindet sich eine rosa Kirche. St. Maria Lyskirchen ist die kleinste unter den zwölf romanischen Kirchen, denn im Gegensatz zu den anderen, die ehemals stolze Kloster- und Stiftskirchen waren, ist sie schon immer Pfarrkirche gewesen. Trotzdem gilt

Eher klein und unscheinbar, und durch die rosa Fassade auch etwas eigenartig, wirkt St. Maria Lyskirchen im Vergleich zu den anderen romanischen Kirchen Kölns. Doch braucht sie sich, dank ihrer prächtigen, im Original erhaltenen Gewölbemalereien aus dem 13. Jahrhundert durchaus nicht vor ihnen zu verstecken. Übrigens: An ihrem Portal erinnert eine Hochwassermarke von 1784 an eine der verheerendsten Katastrophen der Vergangenheit, eine Eisflut.

sie vielen als die Schönste unter ihnen, was sicher daher rührt, dass sie im Krieg nur wenig beschädigt wurde. Dadurch blieben die kostbaren Gewölbemalereien aus dem 13. Jahrhundert erhalten. So ist etwa im Südchor ein ganzer Bilderzyklus dem heiligen Nikolaus gewidmet, der ja nicht nur den Kindern Süßigkeiten bringt, sondern auch noch ernstere Aufgaben wahrnimmt. Er ist nämlich Schutzpatron der Schiffer und soll hier natürlich ganz besonders die Rheinschiffer beschützen, deren Pfarrkirche St. Maria Lyskirchen war. An diese Funktion erinnert außerdem die um 1420 entstandene Schiffermadonna im Eingangsbereich – vor einem Wandgemälde von Peter Hecker und einem Steuerrad.

Unbemerkt von den Lebenden findet, wie es heißt, alljährlich zu Weihnachten eine Geistermesse in

St. Maria Lyskirchen statt. Es sind die im jeweiligen Jahr ertrunkenen Rheinschiffer, die dort ihre letzte Christmette feiern und den Segen Gottes für Schiffer und Anwohner der Flüsse und Meere erflehen. Erst danach erscheint das Schleppschiff des Todes, um sie endgültig aus unserer Welt ins Jenseits hinüberzugeleiten.

St. Severin

Von St. Maria Lyskirchen aus gibt es verschiedene Möglichkeiten, zu St. Severin zu gelangen. Man kann noch weiter am Rhein entlang und dann in Sichtweite vom Bayenturm die Dreikönigenstraße hochgehen. Schöner ist es aber wohl, direkt an Maria Lyskirchen wieder Richtung Innenstadt zu gehen und an St. Georg auf die Severinstraße abzubiegen, wo man noch einige interessante Geschäfte und ein sehr lebendiges Viertel zu sehen bekommt. Auch St. Severin gehört zu den romanischen Kirchen. Benannt ist sie nach einem Kölner Bischof, der bis zur Ankunft der Reliquien der Heiligen Drei Könige der wichtigste Heilige der Stadt war, denn er sorgte für das Wetter und damit für das Gelingen der Ernte.

Severin war in hohem Alter in seine Heimatstadt Bordeaux zurückgekehrt und dort schließlich verstorben. Als kurz darauf in Köln eine Dürre ausbrach, erkannte sein Nachfolger in einer Vision, dass der Bischof nach Köln zurückkehren wollte und dann auch für den dringend benötigten Regen sorgen würde. Die Einwohner von Bordeaux waren nicht begeistert von diesem Ansinnen, denn sie waren der Meinung, ein mindestens eben so

Etwas trübsinnig schaut der heilige Severin von seiner Kirche. Wen will es da noch wundern, wenn der Kölner Himmel so oft wolkenverhangen ist? Die einstige Bedeutung des Heiligen lässt sich noch heute daran ablesen, dass eines der mittelalterlichen Stadttore und das Viertel um die Kirche nach ihm benannt sind.

Charakteristisch für St. Severin sind die schmalen Türme.

großes Anrecht auf den Heiligen zu haben wie die Kölner. Doch schließlich einigte man sich salomonisch und teilte sich den Heiligen (im wahrsten Sinne des Wortes). In Sachen Regen allerdings leistet der halbe Severin noch heute oft ganze Arbeit. Nicht immer zur Freude der Kölner.

Wer sich für die antike Stadt interessiert, sollte auf alle Fälle auch die Ausgrabungen unter St. Severin besuchen, denn sie gehören zu den interessantesten Fundstätten Kölns. Neben Fundamenten und Bauteilen von Vorgängerbauten haben die Archäologen zahlreiche Grabstätten freigelegt, denn genau wie St. Gereon und St. Ursula erhebt sich St. Severin über einem römischen Gräberfeld.